Kürbis und Co.

wiederentdeckte Gemüse

> Autoren: **Elisabeth Döpp** | **Christian Willrich** | **Jörn Rebbe** | Fotos: **Kai Mewes**

Inhalt

Die Theorie

Die Rezepte

Extra

➤ **GU Serviceseiten**

Klassische Gemüse neu entdeckt: verführerisch gut

Am Marktstand locken sie frisch und bunt: Fruchtiger Kürbis, leicht erdig schmeckender Mangold, zartwürzige Pastinake, aber auch Rote Beten, Schwarzwurzeln und Topinambur – in der Küche offenbart sich, was für herrliche Delikatessen sie sind. Die schönsten klassischen Gemüse sind hier für Sie angerichtet. Die Zubereitung ist denkbar einfach – der Effekt bei den Gästen groß.

Gemüse-ABC

Kürbis/Riesen-kürbis: Saison ist von August bis November. Da sie gut lagerfähig sind, findet man sie bis Februar. Sind reich an B-Vitaminen. Lassen sich gekocht als Püree einfrieren. Kürbis schmeckt gekocht am besten.

Moschuskürbisse: Die kleinen Kürbisse haben viel Aroma und festes Fleisch. Schmecken roh und gekocht. Zu ihnen gehört z. B. der birnenförmige Butternusskürbis sowie der Hokkaido-Kürbis, der eine orangefarbene oder grüne Schale hat.

Rondini und Mini-Patissons: Rondini sind klein, rund, haben eine dunkelgrüne Schale, die man mitessen kann; schmecken aber nur gekocht. Mini-Patissons gibt es in gelb und hellgrün. Auch sie kann man mit Schale essen.

Flaschen- und Spaghettikürbis: Der Flaschenkürbis hat ein festes weißes Fruchtfleisch. Verzehrt werden nur die unreifen kleinen Früchte – mit Schale, aber immer gegart. Der Spaghettikürbis ist länglich oval. Er zerfällt beim Kochen.

Sellerie: Knollensellerie wird von September bis März angeboten. Er ist eine wichtige Quelle für Vitamin B6. Staudensellerie gibt es von Juli bis Oktober, er ist für Entschlackungskuren sehr beliebt.

Mangold: Ihn bekommt man das ganze Jahr. Er liefert reichlich Kalzium, Magnesium und Eisen. Hält sich feucht eingewickelt im Kühlschrank 2 Tage. Kann blanchiert und gehackt gut eingefroren werden.

Grünkohl: Schmeckt nach dem ersten Frost am besten. Erhältlich von Oktober bis März. Möglichst frisch verwenden. Er ist reich an Vitamin C, E und Vitamin B6, enthält Eisen, Kalzium, viele Ballaststoffe und für ein Gemüse viel Eiweiß.

Pastinaken: Werden von Oktober bis März angeboten; schmecken nach dem ersten Frost am besten. Enthalten Folsäure und Vitamin E. Im Kühlschrank bis zu 4 Tage haltbar. Pastinaken lassen sich blanchiert und gestiftelt gut einfrieren.

Rote Beten: Bekommt man das ganze Jahr über. Lassen sich im Kühlschrank 3–4 Wochen lagern. Enthalten viele immunstärkende Pflanzenstoffe, reichlich Folsäure, Mangan und Eisen und sind Basen bildend. Besonders fein: die ab Mai angebotenen jungen Roten Beten mit Blattgrün (blanchiert wie Spinat servieren).

Petersilienwurzeln: Sie werden von September bis März/April angeboten. Enthalten Kalzium und Eisen. Sie werden bis zum Verkauf wie Möhren eingelagert. Beim Einkauf auf knackige Ware achten. Lassen sich im Kühlschrank etwa 1 Woche lagern. Eignen sich gut zum Einfrieren: einfach blanchieren und klein schneiden.

Schwarzwurzeln: Werden von September bis März/April angeboten. Sie sind ballaststoffreiche Schlankmacher und enthalten viele Mineralstoffe, besonders Eisen. Frische Ware ist glatt, hat helles Fruchtfleisch und ist saftig. Man kann sie im Kühlschrank bis zu 1 Woche lagern. Eignen sich blanchiert gut zum Einfrieren.

Süßkartoffeln: Die Knollen bekommt man das ganze Jahr über. Süßkartoffeln sind wie »normale« Kartoffeln vor allem stärkehaltig, können wie diese zubereitet werden und lassen sich 3–4 Wochen lagern. Rotfleischige Süßkartoffelsorten sind wie Möhren und Kürbisse reich an Karotinoiden.

Steckrüben: Sie werden von September bis März/April angeboten. Haben einen hohen Gehalt am Vitamin Folsäure und sind mit ihren reichlichen Ballaststoffen ein beliebtes Gemüse bei Entschlackungskuren. Beim Kauf darauf achten, dass die Rüben keine Risse haben. Halten wie Kartoffeln gelagert etwa 1 Monat.

Topinambur: Diese Knollen werden ebenfalls von September bis März/April angeboten. Topinambur ist winterhart und kann daher den ganzen Winter über geerntet werden. Ein tolles Schlankheitsgemüse, denn Topinambur wirkt entwässernd, straffend auf die Haut und appetithemmend.

Wellness-Gemüse

Supergesund, leicht, lecker und gut für die Figur? Frisches Gemüse als Rohkost zubereitet, ist da genau das Richtige. So wirds gemacht:

1 | Erst die Sauce, dann das Gemüse

Die Sauce schützt mit ihrem Öl das zerkleinerte Gemüse an den Schnittstellen vor der Luft und dem Angriff des Sauerstoffs. Vitamine und für uns günstige Pflanzenstoffe bleiben besser erhalten. Für 600 g Rohkostsalat 2–4 EL Apfel- oder Weißweinessig mit Salz, Pfeffer, 8 EL Raps- oder Sonnenblumenöl sowie 2–4 EL klein geschnittenen gemischten Kräutern nach Belieben verrühren.

1 *Das Gemüse bürsten, waschen und mit einem Tuch trocknen.*

2 | Frisches Gemüse vorbereiten

Das Beste sitzt direkt unter der Schale. Beim Schälen gehen wertvolle Pflanzenstoffe verloren. Also Kürbis, Pastinake, Sellerie und Co. lediglich kräftig schrubben und mit warmem Wasser waschen, dann mit einem Tuch trockenreiben. So werden die meisten Schadstoffe entfernt. Wer sich wegen der Pflanzenschutzmittel Sorgen macht, sollte Öko-Produkte kaufen. Bei Hokkaido-Kürbissen kann man von jungen Früchten die Schale mitverwenden, erst nach längerer Lagerung wird sie zu hart.

3 | Rohkostsalate zubereiten

Für 4 Personen werden 600 g Gemüse benötigt (z. B. Kürbis, Pastinake, Topinambur, Sellerie, Petersilienwurzel, Rote Bete oder Steckrübe). Das gewaschene und geputzte Gemüse je nach Alter und Geschmack ganz oder teilweise schälen und grob raspeln. Am besten nach Sorten getrennt mit Salatsauce vermischen.

2 *Gemüseraspel sofort mit Dressing mischen – das erhält die Nährstoffe.*

4 | Rohkostsalate servieren

Je vielseitiger desto besser. Rohkost kann als Büfett zur Selbstbedienung serviert werden. Dabei jedes Gemüse in einer eigenen Schüssel anrichten. Dazu Vinaigrette oder eine Joghurtsauce (mit Dill, Öl, Essig, Salz und Pfeffer abgeschmeckt) bereitstellen und für die Garnitur geröstete Kürbiskerne, gehackte Nüsse oder Sprossen.

TIPP Kindern schmeckt Rohkost besonders gut, wenn sie mit Mandelsauce angerichtet wird. Dafür 3 EL Mandelmus (gibt es im Bioladen) mit 1–2 EL Zitronensaft und 1–2 EL Apfelsaft verrühren. Mit Salz und Pfeffer abschmecken.

Dekorativ geschnitten

Scheiben – grob und fein:
Kürbis, Rote Bete, Topinambur und Pastinake für Salate wie Kartoffeln dekorativ mit dem Buntmesser in Scheiben oder für Carpaccio mit dem Hobel in dünne Blättchen hobeln.

Gemüsestifte (Julienne):
Eine Delikatesse sind Rote Bete, Kürbis, Pastinake, Petersilienwurzel, Sellerie und Steckrübe, wenn sie in feine Stifte (Julienne) geschnitten roh oder gedämpft zum Dippen gereicht werden.

Mangold schneiden: Die
Blätter von den Stielen trennen und in feine Streifen schneiden. Die Stiele in 2–3 cm lange Rauten schneiden. Die Blätter haben eine kürzere Garzeit und wandern erst zum Schluss in den Kochtopf.

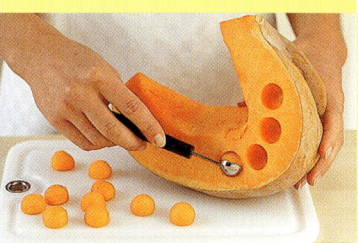

Gemüsekugeln ausstechen:
Besonders festlich macht es sich, wenn aus Kürbisfleisch oder auch Kartoffeln für ein Ragout beziehungsweise ein Curry mit einem speziellen Ausstecher Kugeln geformt werden.

Gemüse aushöhlen: Wenn es
gefüllt werden soll, das Gemüse mit einem Gemüseaushöhler oder einfach mit einem Löffel aushöhlen. Kürbisse werden roh ausgehöhlt. Rote Beten vorher etwa 45 Min., Süßkartoffeln und Topinambur 20–30 Min. in Salzwasser weich kochen.

Tischdeko selbst geschnitzt:
Eine stimmungsvolle Dekoration nicht nur zur Halloween-Party am 31. Oktober sind Kürbisse, die – mit durchbrochenem Muster – als Leuchten oder mit eingeschnitzten Ornamenten zum Servieren von Salaten, Suppen sowie Currys verwendet werden können.

Grundrezept

Vielseitig verwendbar
Kürbis sowie die Knollen-
und Wurzelgemüse dieses
Buches eignen sich besonders
gut für Pürees. Oft sind diese
Pürees Grundlage für pfiffige
Rezeptzubereitungen. Sie
werden auch ganz einfach als
aromatische Beilage serviert.
Dann wird ihr Geschmack
mit Sahne oder Kartoffel-
püree abgerundet und mit
Gewürzen verfeinert.

Gemüsepüree

FÜR 4 PERSONEN

➤ **400 g Gemüse** (z. B. Kürbis, Pastinake, Süßkartoffel, Topinambur, Sellerie,
Petersilienwurzel, Rote
Bete, Steckrübe)
400 ml Gemüsebrühe
150 g Kartoffeln
3–4 EL Crème fraîche
Salz | Pfeffer
1 Prise Muskatnuss

TIPP

**Pürees mit Blatt-
gemüse**

Für Mangold- und Grün-
kohlpüree die gewa-
schenen Blätter ohne
Stiele etwa 2 Min. blan-
chieren. Die Blätter
dann abtropfen lassen,
hacken, mit dem Pürier-
stab pürieren und mit
Kartoffelpüree im Ver-
hältnis 1:1 mischen.

1 *Das Gemüse waschen,
putzen, schälen und in
2 cm große Würfel schnei-
den. In Gemüsebrühe in
15–20 Min. weich kochen.*

2 *Die Kartoffeln waschen,
schälen, in 1 cm große
Würfel schneiden und von
Salzwasser bedeckt in etwa
10 Min. weich kochen.*

3 *Gemüse und Kartoffeln ab-
gießen (Brühe aufheben),
zusammen mit der Kartof-
felpresse oder dem Pürierstab pürieren, mit Crème
fraîche, Salz, Pfeffer und
Muskat abschmecken.*

Garmethoden

»Al dente« gegart

Je kürzer und je schonender Gemüse gegart wird, umso mehr Aroma, Vitamine, Mineralstoffe und andere gesunde Inhaltsstoffe liefert es uns. Optimal ist es, wenn es nach dem Garen noch Biss hat. Dämpfen ist besonders schonend. Wichtig: Das Gemüse darf die Flüssigkeit nicht berühren. Gedämpfte Gemüsestifte – pro Person rechnet man 100–200 g – sind mit Salatsauce und Dip als Vorspeise oder Beilage geeignet. Beim Dünsten kommt es auf die milde Hitze an. Nur dann bleibt der Verlust an hitzeempfindlichen Vitaminen und Geschmacksstoffen besonders gering.
Beim Pfannenrühren werden alle Zutaten durch das kräftige Rühren gleichzeitig gar. Gemüse soll nur leicht transparent gegart sein. Ausgesprochen schmackhaft und auch recht urig ist im Ofen geröstetes Gemüse. Das Gemüse nach dem Backen in Stücke schneiden, mit einer Salatsauce reichen.

Dämpfen

Kürbis, Knollen- oder Wurzelgemüse in 5 cm lange dünne Stifte schneiden, im Siebeinsatz 3–5 Min. über kochendem Salzwasser dämpfen.

Dünsten

Gemüse in heißem Öl bei reduzierter Hitze glasig braten. Mit etwas Brühe ablöschen und zugedeckt dünsten. Wer's noch fettärmer mag, dünstet ganz ohne Fett, nur in Brühe.

Pfannenrühren

Möglichst gleichmäßig geschnittene Zutaten auf asiatische Art im Wok oder einer Pfanne mit hohem Rand bei guter Hitze unter Rühren kurz braten. Alles bleibt aromareich, frisch und knackig.

Im Ofen rösten

Den Backofen auf 180° vorheizen. Knollen- und Wurzelgemüse (in 40-g-Stücken) auf dem Blech (Mitte, Umluft 160°) etwa 30 Min. backen. Vorher die Schale einstechen. Kürbisstücke 40 Min. backen.

Profi-Tipps

1 | Gemüse perfekt vorbereiten

Bereits eine einfache Grundausstattung mit Küchenhelfern spart beim Vorbereiten von Gemüse viel Zeit:

- Eines der wichtigsten Utensilien ist eine feste **Gemüsebürste**, mit der man kräftig schrubben kann – insbesondere, wenn man das Gemüse nicht schälen möchte, um in den Genuss der direkt unter der Schale sitzenden Pflanzenstoffe zu kommen.
- Optimal sind spezielle Messer, mit denen sich Gemüse rasch verarbeiten sowie dekorativ zurechtschneiden lässt: Praktisch ist etwa ein **Gemüseaushöhler**, ein halbrundes Messer mit Spitze,

mit dem man Gemüse – insbesondere Kürbis – gut aushöhlen kann. Mit der scharfen Spitze eines **Zieliermessers** können Kerben in Gemüseschalen geritzt werden. Anschließend aus dem Gemüsestück geschnittene Scheiben bekommen auf diese Weise einen hübschen gezackten Rand. **Buntmesser** schließlich geben Gemüsescheiben mit ihrer gezackten Klinge ein attraktives gerilltes Muster.
- **Reiben** und **Raspeln** für Rohkost sollten aus rostfreiem Edelstahl sein. Es gibt sie mit Lochungen in verschiedenen Größen und Formen – hier lohnt es sich, auszuprobieren.
- **Gemüsehobel**, die nicht nur Scheiben, sondern auch Streifen (Julienne) schneiden können, ersparen viel Arbeit, denn aus den Streifen lassen sich dann rasch auch Würfelchen schneiden.
- Der **Pürierstab** ist als Helfer in der Gemüseküche unübertroffen. Rasch zerkleinert er – je nach Pürierdauer – von grob bis sämig.

1 Praktische Helfer: Reibe, Gemüsebürste, Buntmesser, Zieliermesser

2 Kräuter und Gewürze geben Gemüse einen raffinierten Geschmack.

2 | Gemüsegerichte gekonnt verfeinern

Kräuter und Gewürze geben Gemüse erst den letzten Kick:

- Klassische Allround-Würze sind Petersilie und Lorbeer.
- Reiches Aroma geben Rosmarin, Muskat und Safran.
- Dill, Basilikum und Minze können alle Gemüse bis auf Grünkohl verfeinern.
- Nelke harmoniert mit Kürbis, Roter Bete, Petersilienwurzel und Grünkohl.
- Piment veredelt Kürbis, Mangold, Schwarzwurzel und Rote Bete.
- Kümmel passt zu allem Gemüse bis auf Pastinake und Süßkartoffel.
- Asiatische Würze verleihen Curry und Sojasauce.
- Mediterrane Würze geben Rosmarin, Thymian und Kräuter der Provence.

Pannenhilfe

Ein Gemüsecurry ist zu flüssig

➤ Das Gemüse mit einem Schaumlöffel aus dem Sud heben, den Sud offen etwas einkochen lassen und das Gemüse wieder zugeben.

Ein Gemüseragout wird nicht richtig gar

➤ Etwas Brühe zugeben, damit alles in der Flüssigkeit richtig köcheln kann.

Gemüse wurde beim Kochen unansehnlich

➤ Das Gemüse mit geriebenem Käse bestreuen und kurz in den heißen Backofen schieben. So wird das Gericht attraktiver, allerdings auch reichhaltiger.

Suppe wurde beim Pürieren zu dick

➤ Nur einen Teil der Suppe mit Brühe verdünnen, damit man nicht zu große Mengen produzieren muss, um auf die gewünschte Konsistenz zu kommen. Den nicht verwendeten Teil einfrieren.

Das Gemüse hat im Topf angesetzt

➤ Das Gericht in einen sauberen Topf umgießen, ohne das Angesetzte loszulösen.

Pfannengerührtes Gemüse ist zu roh

➤ Das Gemüse zurück in den Wok oder die Pfanne geben und unter ständigem Rühren nachbraten. Nur durch das Rühren gart alles Gemüse gleichmäßig.

Ein Gemüsepüree ist zu faserig

➤ Das Gemüsepüree einfach durch ein feines Sieb streichen, Faserreste bleiben darin zurück.

Ein Gemüsepüree ist zu flüssig

➤ Das Gemüsepüree in einem Topf auf dem Herd bei mittlerer Hitze unter Rühren gut ausdampfen lassen.

Gemüse ist zu weich geworden

➤ Frisches Gemüse wie Staudensellerie, Tomate oder Paprikaschote in kleinen Würfeln untermischen.

11

Kürbis und Süßkartoffeln

Einfach zauberhaft die ungewöhnlichen Trendgemüse – allen voran der Kürbis und das nicht nur zu Halloween. Von einfachen und schnellen Rezepten bis zu raffinierten Kreationen ist alles geboten. Das Tolle: Die meisten Gerichte mit Kürbis und Süßkartoffeln lassen sich gut vorbereiten.

Blitzrezepte

Kürbissuppe mit Orangen

FÜR 4 PERSONEN

➤ 600 g Hokkaido-Kürbis | 1 Knoblauch-
zehe | 1 Zwiebel | 1 Möhre | 2 EL Son-
nenblumenöl | 1 l Gemüsebrühe | 1 TL
Kräuter der Provence | 1 Prise Muskat-
nuss | Salz | Pfeffer | Saft von 1 Orange

1 | Kürbis waschen, putzen und grob
würfeln. Knoblauch, Zwiebel und Möhre
schälen und in kleine Würfel schneiden.

2 | Das Öl in einem Topf erhitzen. Zwie-
beln, Knoblauch, Möhre und Kürbis darin
glasig braten und mit Brühe und Kräutern
der Provence 15–20 Min. köcheln lassen.
Mit Muskatnuss, Salz, Pfeffer und Oran-
gensaft abschmecken.

Kürbissuppe mit Dill

FÜR 4 PERSONEN

➤ 700 g Hokkaido-Kürbis | 1 dicke Zwie-
bel | 2 EL Sonnenblumenöl | 1 l Gemü-
sebrühe | 1 Bund Dill | Salz | Pfeffer
2 EL saure Sahne

1 | Kürbis waschen, putzen und grob wür-
feln. Zwiebel schälen und klein schneiden.
Zwiebeln und Kürbis in einem Topf im Öl
glasig braten. Die Brühe zugießen, alles
aufkochen und 10 Min. köcheln lassen.

2 | Den Dill waschen, trockenschütteln
und klein schneiden. Die Suppe mit dem
Pürierstab pürieren und mit Salz, Pfeffer
und saurer Sahne abschmecken. Vor dem
Servieren den Dill leicht untermischen.

raffiniert | für Gäste

Kürbisessenz mit Safran

FÜR 4 PERSONEN

➤ **600 g Kürbis**
  1 Frühlingszwiebel
  1 Möhre
  5 Eiweiße
  Salz | Pfeffer
  1 Prise Muskatnuss
  1/2 l Gemüsebrühe
  1 g Safran
  20 g Korinthen

🕐 Zubereitung: 50 Min.
➤ Pro Portion ca.: 85 kcal

1 | Kürbis schälen, putzen, ein Viertel in dünne 3 cm lange Streifen schneiden, den Rest grob würfeln. Die Frühlingszwiebel waschen und putzen. Möhre putzen und schälen. Beides grob schneiden.

2 | Kürbiswürfel, Frühlingszwiebel und Möhren durch den Fleischwolf (feine Scheibe) drehen und alles mit Eiweiß, Salz, Pfeffer sowie Muskatnuss vermischen.

3 | Die Gemüsebrühe zusammen mit der Gemüsemasse zum Klären bei mittlerer Hitze aufkochen lassen. Sobald das Eiweiß oben schwimmt, die Brühe 20 Min. bei schwacher Hitze simmern lassen, nicht mehr rühren.

4 | Die klare Essenz vorsichtig durch ein Passiertuch in einen neuen Topf gießen. Anschließend mit Safran aufkochen lassen, mit Korinthen und Kürbisstreifen servieren.

➤ Beilage: Brioche oder Baguette
➤ Getränk: Weißwein oder Rosé

TIPP
Da sie etwas mehr Zeit bei der Zubereitung benötigen, lohnt es sich, Essenzen gleich in größeren Mengen zuzubereiten. Sie lassen sich gut einige Tage im Kühlschrank aufbewahren oder auch einfrieren. Vor der Verwendung kurz aufkochen und abschmecken.

> **1 Klärgemüse herstellen**
> *Kürbis, Möhren, Zwiebeln durch Wolf drehen.*

> **2 Brühe klären**
> *Die Kürbismasse in der Brühe kochen, bis das Eiweiß oben schwimmt.*

> **3 Essenz passieren**
> *Die Essenz durch ein Passiertuch in einen Topf laufen lassen.*

gut vorzubereiten
Kürbis-Gnocchi

FÜR 4 PERSONEN

➤ 600 g Hokkaido-Kürbis
  100 ml Gemüsebrühe
  150 g Mehl
  1 Ei
  120 g Parmesan, frisch gerieben
  2 Prisen Muskatnuss
  1 TL Majoran
  Salz | Pfeffer

🕐 Zubereitung: 40 Min.
➤ Pro Portion ca.: 300 kcal

1 | Backofen auf 160° vorheizen. Kürbis waschen, putzen und in 3 cm dicke Stücke schneiden. In einem Topf in der Brühe etwa 15 Min. köcheln lassen. Die Kürbisstücke dann herausnehmen, abtropfen lassen und auf einem gefetteten Backblech 4–5 Min. im Backofen (Mitte, Umluft 150°) trocknen lassen.

2 | Salzwasser zum Kochen bringen. Kürbis durch eine Kartoffelpresse drücken und mit Mehl, Ei, Parmesan, Muskatnuss, Majoran, Salz und Pfeffer zum Teig verkneten.

3 | Mit zwei Teelöffeln Gnocchi ausstechen und formen. Ins kochende Wasser gleiten lassen und bei schwacher Hitze etwa 10 Min. ziehen lassen, bis sie zur Oberfläche aufsteigen. Die Gnocchi herausheben und heiß servieren.

➤ Beilage: Mangold-Rucola-Gemüse mit Rote-Beten-Sauce (Seite 33) oder Pilze
➤ Getränk: Weißweinschorle

herzhaft
Kürbis-Lamm-Ragout

FÜR 6 PERSONEN

➤ 600 g Lammschulter
  1 große Zwiebel
  2 EL Sonnenblumenöl
  1 EL Tomatenmark
  1 EL edelsüßes Paprikapulver
  1 1/2 l Gemüsebrühe
  Salz | Pfeffer
  1 kg Muskatkürbis
  250 g saure Sahne
  1 EL Essig
  abgeriebene Schale von 1/4 unbehandelten Zitrone

🕐 Zubereitung: 1 Std.
➤ Pro Portion ca.: 360 kcal

1 | Das Fleisch waschen, trockentupfen und in etwa 3 cm große Würfel schneiden. Die Zwiebel schälen und in kleine Würfel schneiden.

2 | Das Öl in einem Topf erhitzen und darin das Fleisch anbraten. Zwiebeln unterrühren und leicht glasig braten. Tomatenmark einrühren und alles etwa 5 Min. braten. Mit Paprikapulver und Brühe aufkochen lassen, salzen und pfeffern, dann etwa 30 Min. bei schwacher Hitze zugedeckt köcheln lassen.

3 | Inzwischen den Kürbis schälen, putzen und in etwa 3 cm große Stücke schneiden; zum Fleisch geben und etwa 15 Min. mitgaren. Das Ragout mit saurer Sahne, Essig, Zitronenschale, Salz und Pfeffer säuerlich abschmecken.

➤ Beilage: Salzkartoffeln
➤ Getränk: Rosé

TIPP Einen noch volleren Geschmack bekommt die Sauce, wenn man 3–4 Wacholderbeeren und 1/2 TL gemahlenen Kümmel mitkocht.

gelingt leicht

Kürbisrisotto

FÜR 4 PERSONEN

➤ 800 g Hokkaido-Kürbis
2 Schalotten
3 EL Olivenöl
300 g Risottoreis (Avorio)
2 Lorbeerblätter
1 l Gemüse- oder Geflügelbrühe
abgeriebene Schale von 1/2 unbehandelten Zitrone
4 EL frisch geriebener Parmesan
Salz | Pfeffer
➤ Schnittlauchhalme zum Garnieren

🕐 Zubereitung: 45 Min.
➤ Pro Portion ca.: 450 kcal

1 | Den Kürbis waschen, bei Bedarf schälen, putzen und in 1 cm große Würfel schneiden. Schalotten schälen und in kleine Würfel schneiden.

2 | In einer Pfanne 2 EL Öl erhitzen und darin die Schalotten glasig braten. Reis und Lorbeerblätter unterrühren. Die Brühe mit einer Suppenkelle nach und nach unter Rühren zugießen und immer wieder einkochen lassen.

3 | Nach 15 Min. die Kürbiswürfel unterrühren, alles bei schwacher Hitze 10 Min. köcheln lassen; öfter umrühren.

4 | Den Risotto mit Zitronenschale, Käse, Salz und Pfeffer abschmecken. Mit Schnittlauchhalmen garnieren.

➤ Beilage: Pilze
➤ Getränk: Rotwein

TIPP Einen Majoranzweig mitkochen und den fertig gegarten Risotto mit 100 g Sahne verfeinern.

schnell

Libanesischer Kürbisauflauf

FÜR 4 PERSONEN

➤ 250 g Bulgur
600 g Hokkaido-Kürbis
3 Zwiebeln
1 EL Olivenöl
200 g Hackfleisch
Salz | Pfeffer
2 EL Mehl

🕐 Zubereitung: 40 Min.
➤ Pro Portion ca.: 420 kcal

1 | Den Backofen auf 200° vorheizen. Den Bulgur von reichlich Wasser bedeckt quellen lassen. Den Kürbis waschen, putzen und in etwa 2 cm dicke Würfel schneiden. In einem Sieb über kochendem Wasser zugedeckt etwa 15 Min. dämpfen.

2 | Inzwischen die Zwiebeln schälen und würfeln. 1/2 EL Öl erhitzen und darin die Zwiebeln glasig braten. Das Hackfleisch unterrühren, salzen, pfeffern und alles 10 Min. braten.

3 | Den Bulgur abgießen und mit Kürbis, etwas Salz und Pfeffer sowie dem Mehl zu einem Teig verkneten. Eine feuerfeste Form mit drei Viertel des Teiges auskleiden.

4 | Das Hackfleisch einfüllen. Mit dem restlichen Bulgurteig abdecken. In die Mitte ein Loch eindrücken. Den Auflauf mit restlichem Öl beträufeln und 15 Min. im heißen Ofen (Mitte, Umluft 180°) backen.

➤ Beilage: Gemischter Salat
➤ Getränk: Rosé

für Gäste

Spaghettikürbis mit Kaninchen

FÜR 4 PERSONEN

➤ 600 g **Spaghettikürbis**
400 g **Kaninchenrückenfilet**
1 rote Zwiebel
1 EL Olivenöl
300 ml Gemüsebrühe
100 g geschälte Maronen (Dose)
1 Prise Muskatnuss
Salz | Pfeffer

🕐 Zubereitung: 30 Min.
➤ Pro Portion ca.: 270 kcal

1 | Den Kürbis schälen, putzen und in 3 cm dicke Stücke schneiden. Das Kaninchenfleisch ebenfalls in etwa 3 cm große Stücke schneiden. Die Zwiebel schälen und in feine Streifen schneiden.

2 | Das Olivenöl in einem weiten Topf erhitzen und darin die Zwiebeln glasig braten. Dann die Kaninchenfleischstücke zugeben und von allen Seiten anbraten. Den Kürbis untermischen und alles zusammen noch etwa 1 Min. schwenken.

3 | Die Gemüsebrühe angießen, aufkochen und 4 Min. köcheln lassen. Die Maronen untermischen.

4 | Alles noch einmal aufkochen lassen, dann das Gericht mit Muskatnuss, Pfeffer und Salz abschmecken.

➤ Beilage: Kartoffeln oder Reis
➤ Getränk: Weißwein, Rosé oder Apfelschorle

TIPP Wer es ganz sahnig mag, kann das Gericht zusätzlich mit 4 EL Schmand oder Crème fraîche abrunden.

gelingt leicht

Kürbis-Cookies

FÜR 6 PERSONEN

➤ 300 g Kürbis
180 g Butter
180 g Zucker
1 Prise Salz
1 Ei
250 g Mehl
1 TL Backpulver
abgeriebene Schale von 1/4 unbehandelten Limette

🕐 Zubereitung: 45 Min.
➤ Pro Portion ca.: 510 kcal

1 | Den Backofen auf 180° vorheizen. Den Kürbis waschen, putzen, schälen und grob raspeln.

2 | Die Butter mit Zucker, Salz und Ei schaumig schlagen. Mehl und Backpulver und Limettenschale untermischen. Zuletzt die Kürbisraspel unterrühren.

3 | Ein Blech mit Backpapier auslegen. Mit einem Teelöffel kleine Häufchen abstechen und mit etwas Abstand auf dem Blech verteilen.

4 | Die Kürbis-Cookies im heißen Ofen (Mitte, Umluft 160°) etwa 20 Min. backen.

➤ Beilage: Frucht- oder Joghurtdip
➤ Getränk: Prosecco oder Fruchtpunsch

gut vorzubereiten
Amerikanische Kürbis-Pie

FÜR 8 PERSONEN

➤ 1 Kürbis (750 g)
  250 g Mehl
  6 EL Butter | 8 EL Zucker
  1/2 TL Salz | 1 TL Zimt
  1 TL frisch geriebener Ingwer
  1/4 TL Nelkenpulver
  300 ml Dosenmilch
  2 Eiweiße
➤ Pie- oder Quicheform mit 28 cm Ø

⊙ Zubereitung: 1 1/2 Std.
⊙ Backzeit: 1 Std.
➤ Pro Portion ca.: 240 kcal

1 | Backofen auf 160° vorheizen. Kürbis waschen, halbieren, von Kernen und Fasern befreien. Mit der Schnittseite auf ein gefettetes Blech legen und im heißen Ofen (Mitte, Umluft 150°) etwa 1 Std. backen. Das Mus ausschaben und pürieren; 450 g abwiegen (Rest eventuell einfrieren).

2 | Den Backofen auf 200° vorheizen. Mehl und Butter mit zwei Messern zu einem Krümelteig verarbeiten. Mit 3 EL Wasser zu einer Kugel formen; kühl stellen.

3 | Kürbismus mit Zucker, Salz, Zimt, Ingwer, Nelken und Milch mischen. Die Eiweiße steif schlagen und vorsichtig unterheben.

4 | Teig mit den Fingern in die Form drücken, den Boden einstechen. Die Füllung hineingeben. Die Pie im heißen Ofen (Mitte, Umluft 180°) 15 Min., dann 45 Min. bei 175° (Umluft 160°) backen.

➤ Beilage: Schlagsahne

für Gäste
Gratiniertes Kürbiskompott

FÜR 4 PERSONEN

➤ 400 g Kürbis
  120 g Preiselbeeren
  4 EL Honig
  2 EL Zitronensaft
  1/2 Vanillestange
  150 ml Milch
  250 g Sahne
  2 EL Zucker
  30 g Grieß | 1 Eigelb

⊙ Zubereitung: 40 Min.
➤ Pro Portion ca.: 370 kcal

1 | Den Kürbis schälen, putzen und in 1 cm große Würfel schneiden. Die Preiselbeeren waschen und abtropfen lassen.

2 | Bei mittlerer Hitze den Honig goldbraun karamellisieren lassen. Die Kürbiswürfel darin 2 Min. dünsten, den Zitronensaft zugeben. Das Vanillemark auskratzen und untermischen. Die Kürbismischung zur Seite stellen.

3 | Die Milch mit 150 g Sahne und Zucker aufkochen. Grieß einrieseln lassen und rühren, bis die Masse dick wird. Preiselbeeren untermischen und den Flammeri kalt stellen.

4 | Die restliche Sahne steif schlagen. Das Eigelb unter den kalten Flammeri rühren, die Sahne unterheben. Den Backofengrill vorheizen. Das Kompott auf vier Tellern anrichten, den Flammeri darauf setzen und kurz unter dem Grill gratinieren.

➤ Getränk: Prosecco

Gefüllte Rondini

FÜR 6 PERSONEN

- ➤ 6 Rondini (oder grüne Mini-Patissons)
  Salz | Pfeffer
  1 Prise Muskatnuss
  2 Schalotten (50 g)
  1/2 rote Paprikaschote
  1/4 l Gemüsebrühe
  Paprikapulver
  50 g Polentagrieß
  30 g Parmesan, frisch gerieben

🕐 Zubereitung: 45 Min.
➤ Pro Portion ca.: 90 kcal

1 | Die Rondini waschen, halbieren, mit einem Kugelausstecher aushöhlen und innen mit Salz, Pfeffer und Muskatnuss würzen.

2 | Die Schalotten schälen und in kleine Würfel schneiden. Die halbe Paprikaschote waschen, putzen und ebenfalls fein würfeln.

3 | Den Backofen auf 180° vorheizen. Die Gemüsebrühe mit den Schalotten aufkochen lassen und mit Paprikapulver würzen. Die Paprikawürfel sowie den Polentagrieß einrühren und die Mischung etwa 5 Min. unter Rühren köcheln lassen.

4 | Die Paprika-Polenta in die Rondini füllen und diese auf ein gebuttertes Backblech stellen. Die Rondini mit dem Parmesan bestreuen und im heißen Ofen (Mitte, Umluft 160°) etwa 10 Min. backen.

- ➤ Beilage: gebratenes Hähnchen (schmeckt aber auch als Antipasto gut)
- ➤ Getränk: Weißwein

Kürbis-Curry-Suppe

FÜR 4 PERSONEN

- ➤ 800 g Flaschenkürbis
  150 g Lauch
  200 g Kartoffeln
  2 EL Rapsöl
  1 TL Currypulver
  1 l Gemüsebrühe
  2 Lorbeerblätter
  1 Prise Majoran
  Salz | Pfeffer
  3 EL Crème fraîche
  1 Prise Muskatnuss

🕐 Zubereitung: 30 Min.
➤ Pro Portion ca.: 220 kcal

1 | Das Gemüse waschen und putzen. Kürbis waschen, putzen und bis auf 150 g grob zerkleinern. Lauch in Ringe schneiden. Kartoffeln schälen und fein raspeln.

2 | Das Öl in einem Topf erhitzen. Lauch, Kartoffeln und Curry darin etwa 2 Min. dünsten, dann die Brühe zugießen und aufkochen lassen.

3 | Lorbeer, Majoran, Kürbis, Salz und Pfeffer unterrühren und alles etwa 15 Min. köcheln lassen. Die Lorbeerblätter entfernen und die Suppe mit dem Pürierstab pürieren. Übriges Kürbisfleisch klein würfeln.

4 | Die Suppe mit der Crème fraîche verfeinern und mit Salz, Pfeffer und Muskatnuss abschmecken. Die Kürbiswürfel unterrühren.

TIPP Die Suppe nach Belieben mit Schnittlauchröllchen und Kürbiskernen garnieren.

für Gäste | schnell

Gegrillter Kürbis mit Poulardenbrust

FÜR 4 PERSONEN

➤ 400 g Poulardenbrust
1 Prise Cayennepfeffer
Salz | Pfeffer
4 EL Honig
1 EL Limettensaft
600 g gelbe Mini-Patissons
1 EL Olivenöl
1 Prise Muskatnuss
1 Prise edelsüßes Paprikapulver

🕘 Zubereitung: 30 Min.
➤ Pro Portion ca.: 250 kcal

1 | Backofen auf 200° vorheizen. Die Poulardenbrust mit Cayennepfeffer, Salz und Pfeffer würzen. Den Honig in einer Pfanne goldbraun karamellisieren lassen.

2 | Die Poulardenbrust in die Pfanne geben und pro Seite 1 Min. darin karamellisieren lassen. Anschließend mit dem Limettensaft ablöschen. Im heißen Ofen (Mitte, Umluft 180°) 8–10 Min. garen.

3 | Kürbisse waschen, putzen, vierteln oder achteln und die Stücke mit Öl bepinseln. Mit Muskatnuss, Paprikapulver, Salz und Pfeffer würzen.

4 | Die Kürbisstücke auf einer Grillpfanne etwa 8 Min. grillen, dabei mehrmals wenden. Mit der Poularde servieren.

➤ Beilage: Risotto
➤ Getränk: leichter Weißwein

gut vorzubereiten

Süßkartoffel-suppe mit Ingwer

FÜR 4 PERSONEN

➤ 1 Stück Ingwer (7 cm lang)
300 g Süßkartoffeln
1 Zwiebel | 1 EL Rapsöl
350 ml Gemüsebrühe
80 g Sahne
Salz | Pfeffer
➤ einige Kerbelzweige zum Garnieren

🕘 Zubereitung: 25 Min.
➤ Pro Portion ca.: 185 kcal

1 | Den Ingwer und die Zwiebel schälen und klein würfeln.

2 | Süßkartoffeln waschen, schälen und ebenfalls in kleine Würfel schneiden.

3 | Das Öl in einem Topf erhitzen und darin die Zwiebeln glasig braten. Süßkartoffeln und Ingwer zugeben und etwa 2 Min. mitbraten. Die Gemüsebrühe angießen, aufkochen und dann alles etwa 10 Min. köcheln lassen.

4 | Die Sahne untermischen und die Süßkartoffelsuppe mit dem Pürierstab pürieren. Noch einmal aufkochen lassen, salzen, pfeffern und mit Kerbel garniert servieren.

➤ Beilage: Baguette
➤ Getränk: Weißwein oder Fruchtsaft

TIPP Wer die Suppe noch kalorienärmer zubereiten will, gibt mit der Zwiebel das gewürfelte Fruchtfleisch von 2–3 gehäuteten Tomaten zu und lässt die Sahne weg.

schnell
Süßkartoffel-curry

FÜR 4 PERSONEN

➤ 800 g feste Süßkartoffeln
  3 Zwiebeln (200 g)
  2 Äpfel (200 g)
  200 g Champignons
  100 g gegarte Kicher-erbsen (Dose)
  2 EL Sonnenblumenöl
  200 ml Gemüsebrühe
  2 EL Currypulver
  Salz | Pfeffer

🕐 Zubereitung: 30 Min.
➤ Pro Portion ca.: 345 kcal

1 | Süßkartoffeln waschen, schälen und in 3 cm große Stücke schneiden. Die Zwiebeln schälen, halbieren und in Streifen schneiden. Äpfel waschen, vierteln, entkernen und achteln. Die Champignons putzen und in Scheiben schneiden. Die Kichererbsen abtropfen lassen.

2 | Das Öl erhitzen und die Zwiebeln darin glasig braten. Süßkartoffeln 2 Min. mitbraten. Die Äpfel unterrühren und alles zusammen mit der Gemüsebrühe aufkochen lassen. Dann mit Champignons, Curry und Kichererbsen weitere 3 Min. köcheln lassen. Salzen und pfeffern.

➤ Beilage: Reis
➤ Getränk: Apfelsaftschorle

TIPP Getrocknete Kichererbsen mit der dreifachen Menge Wasser über Nacht einweichen und im Einweichwasser in 45 Min. weich kochen.

für Gäste | exotisch
Ravioli mit Süßkartoffeln

FÜR 4 PERSONEN

➤ 300 g Mehl
  4 Eier
  1 EL Olivenöl
  Salz
  400 Süßkartoffeln
  150 g Frühlingszwiebeln
  1 Stück Ingwer (7 cm lang)
  150 g Ricotta
  50 g Kürbiskerne
  Pfeffer

🕐 Zubereitung: 1 Std.
➤ Pro Portion ca.: 595 kcal

1 | Aus Mehl, Eiern, Öl und etwas Salz einen Nudelteig kneten, diesen 30 Min. zugedeckt ruhen lassen.

2 | Für die Füllung Süßkartoffeln waschen, schälen und in Salzwasser in 30 Min. weich kochen. Abgießen und durch eine Kartoffelpresse drücken. Frühlingszwiebeln waschen, putzen und klein schneiden. Ingwer schälen und reiben. Alles mit Ricotta, Kürbiskernen, Salz und Pfeffer mischen.

3 | Aus dem Nudelteig auf einer bemehlten Arbeitsfläche zwei gleich große dünne Teigplatten ausrollen. Auf eine Teigplatte im Abstand von 4 cm haselnussgroße Portionen Füllung geben. Die Zwischenräume mit Wasser bestreichen. Die zweite Platte darüber legen, andrücken und aus dem Teig viereckige Ravioli schneiden.

4 | Reichlich Salzwasser aufkochen lassen, die Ravioli darin 7–10 Min. ziehen lassen und herausheben.

➤ Beilage: Sahnesauce
➤ Getränk: Rosé

im Bild oben: **Süßkartoffelcurry** *im Bild unten:* **Ravioli mit Süßkartoffeln** ➤

vegetarisch

Ofengeröstete Süßkartoffeln

FÜR 4 PERSONEN

➤ 6 Süßkartoffeln
  1/2 TL Paprikapulver
  1/2 TL Currypulver
  2 EL Olivenöl
  Salz
  2 reife Avocados
  1 rote Chilischote
  Saft von 1 Limette
  Pfeffer

⏱ Zubereitung: 40 Min.
➤ Pro Portion ca.: 450 kcal

1 | Den Backofen auf 180° vorheizen. Die Süßkartoffeln waschen, abbürsten, längs halbieren und in mundgerechte Ecken schneiden.

2 | Paprika- und Currypulver vermischen und die Süßkartoffeln damit würzen. Mit dem Öl vermischen und die Kartoffeln etwa 30 Min. im heißen Ofen (Mitte, Umluft 150°) backen, dann salzen.

3 | Inzwischen die Avocados waschen, schälen und den Kern auslösen. Die Avocados klein würfeln und mit der Gabel zerdrücken. Die Chilischote waschen, putzen, klein schneiden und unter die Avocadocreme mischen.

4 | Die Avocadocreme mit Limettensaft, Salz und Pfeffer abschmecken. Mit den Süßkartoffeln als Snack servieren.

➤ Getränk: Leichter Rosé

für Gäste

Zander mit Süßkartoffelkruste

FÜR 4 PERSONEN

➤ 1 kg Süßkartoffeln
  1 Bund Schnittlauch
  2 Eier
  1 EL frisch geriebener Ingwer
  Salz | Pfeffer
  2 EL Butterschmalz
  600 g Zanderfilet

⏱ Zubereitung: 45 Min.
➤ Pro Portion ca.: 415 kcal

1 | Die Süßkartoffeln waschen, schälen und reiben. Den Schnittlauch waschen, trocknen und in Röllchen schneiden. Die Süßkartoffelmasse mit Schnittlauch, den Eiern, Ingwer, Salz und Pfeffer vermischen.

2 | Den Backofen auf 180° vorheizen. In einer Pfanne das Butterschmalz erhitzen und darin aus etwa der Hälfte der Süßkartoffelmasse vier Häufchen in die Pfanne setzen, zu Rösti breit drücken und je Seite in etwa 4 Min. goldgelb braten.

3 | Ein Backblech mit Backpapier auslegen, die Rösti darauf legen. Den Zander in vier gleich große Stücke schneiden, salzen, pfeffern und auf die Rösti legen.

4 | Den Fisch mit der restlichen Süßkartoffelmasse bedecken und im Backofen (Mitte, Umluft 160°) etwa 20 Min. backen.

➤ Beilage: Zucchinigemüse
➤ Getränk: Weißwein

Mangold, Grünkohl, Schwarzwurzeln

Sie machen fit und gute Laune. Mangold, Grünkohl oder Schwarzwurzel sind herzerwärmende Spezialitäten der Familienküche — fein und deftig zugleich, eine wohlschmeckende Alternative.

Blitzrezepte

Mangold-Rucola-Gemüse

FÜR 4 PERSONEN

➤ 1 Rote Bete | 4 Schalotten | 150 ml Gemüsebrühe | 100 g Sahne | Salz Pfeffer | 300 g Mangold | 200 g Rucola 1 EL Olivenöl

1 | Rote Bete waschen, schälen und fein raspeln. Die Schalotten schälen und klein schneiden. Brühe, Rote Bete und 2 Schalotten 3 Min. köcheln lassen. Pürieren, mit Sahne verrühren. Salzen und pfeffern.

2 | Blattgemüse waschen, klein schneiden. Übrige Schalotten im Öl glasig braten. Mangold und Rucola 4 Min. mitdünsten. Salzen, pfeffern, auf der Sauce servieren.

➤ Beilage: Kürbis-Gnocchi

Mangold mit Petersilienwurzel

FÜR 4 PERSONEN

➤ 600 g Mangold | 1 Bund Basilikum 2 rote Zwiebeln | 500 g Petersilienwurzeln | Salz | 1 EL Olivenöl | 1 EL Tandoori-Gewürz | 1/2 l Gemüsebrühe 200 g Sahne | 1 EL Stärke | Pfeffer

1 | Mangold und Basilikum waschen. Mangoldgrün abschneiden. Zwiebeln, Petersilienwurzeln schälen. Alles klein schneiden. Mangoldstiele in Salzwasser 5 Min. garen.

2 | Zwiebeln im Öl glasig braten. Petersilienwurzeln, Gewürz und 450 ml Brühe zugeben, 5 Min. kochen, Stiele und Sahne zufügen, 4 Min. garen. Mit der in der übrigen Brühe aufgelösten Stärke binden. Mangoldgrün, Basilikum, Salz, Pfeffer zugeben.

vegetarisch

Mangoldgemüse mit Linsen

FÜR 4 PERSONEN

➤ 150 g Berglinsen
  1 l Gemüsebrühe
  2 Lorbeerblätter
  600 g Mangold
  500 g Kartoffeln
  1 Frühlingszwiebel
  3 Knoblauchzehen
  1/2 TL gemahlener Koriander
  Salz | Pfeffer
  1 EL Olivenöl
  Saft von 1 Zitrone

🕐 Zubereitung: 30 Min.
➤ Pro Portion ca.: 285 kcal

1 | Die Linsen waschen und mit den Lorbeerblättern in der Gemüsebrühe aufkochen und 10 Min. garen.

2 | Inzwischen das Gemüse waschen. Den Mangold putzen, in Stiele und Grün trennen und beides separat in Streifen schneiden. Die Kartoffeln schälen und würfeln. Frühlingszwiebel putzen, den Knoblauch schälen und beides klein schneiden.

3 | Mangoldstiele, Kartoffeln und Zwiebelweiß zu den Linsen geben und 15 Min. mitkochen. Mangold-, Zwiebelgrün und Koriander untermischen. Salzen und pfeffern.

4 | Das Olivenöl erhitzen und den Knoblauch darin glasig braten. Mit dem Zitronensaft ablöschen und alles unter das Gemüse rühren.

➤ Beilage: Spätzle
➤ Getränk: Weißweinschorle

macht was her

Mangoldrolle mit Kabeljau

FÜR 4 PERSONEN

➤ 4 große Mangoldblätter
  1 Bund Sauerampfer
  200 g rote Zwiebeln
  400 g Kabeljau
  Salz | Pfeffer
  200 g Süßkartoffeln
  200 ml Gemüsebrühe
  20 g Sahne
  1 TL Instant-Saucenbinder
➤ Holzspießchen

🕐 Zubereitung: 40 Min.
➤ Pro Portion ca.: 160 kcal

1 | Salzwasser zum Kochen bringen. Mangold und Sauerampfer waschen. Vom Mangold die Stiele entfernen. Blätter 1/2 Min. im Salzwasser kochen, in Eiswasser abschrecken und abtropfen lassen. Sauerampfer in Streifen schneiden. Zwiebeln schälen, halbieren und ebenfalls in Streifen schneiden.

2 | Den Fisch in vier Stücke schneiden, salzen und pfeffern. Süßkartoffeln waschen, fein raspeln, salzen, pfeffern.

3 | Mangoldblätter ausbreiten, salzen, pfeffern und mittig die Süßkartoffeln platzieren. Darauf den Kabeljau und die Zwiebeln legen. Mangoldblätter einschlagen, aufrollen, feststecken und im Dämpfeinsatz über kochendem Wasser bei mittlerer Hitze etwa 8 Min. dämpfen.

4 | Brühe, Sahne und Sauerampfer aufkochen, salzen und pfeffern. Saucenbinder einrühren, andicken lassen. Mit dem Pürierstab aufschlagen.

➤ Beilage: Risotto
➤ Getränk: Weißwein

herzhaft | mediterran

Mangold mit Tagliatelle

FÜR 4 PERSONEN

➤ 400 g Mangold
200 g rote Zwiebeln
400 g Austernpilze
1 Knoblauchzehe
300 g Tagliatelle
2 Prisen Muskatnuss
1 EL Olivenöl
200 ml Gemüsebrühe
80 g Sahne
Salz | Pfeffer
➤ 100 g Parmesan, frisch gerieben

🕐 Zubereitung: 30 Min.
➤ Pro Portion ca.: 515 kcal

1 | Den Mangold waschen. Die Zwiebeln schälen. Austernpilze vom Strunk befreien. Mangold, Zwiebeln und Pilze in Streifen schneiden. Knoblauch schälen und in feinste Scheiben schneiden.

2 | Reichlich Salzwasser zum Kochen bringen und darin die Tagliatelle nach Packungsanweisung garen. Abtropfen lassen und mit 1 Prise Muskatnuss würzen.

3 | Inzwischen Zwiebeln und Knoblauch im Öl erhitzen. Pilze 3 Min. mitbraten. Mangold zugeben und 3 Min. mitbraten. Brühe und Sahne angießen und 3 Min. köcheln lassen. Mit Salz, Pfeffer und 1 Prise Muskat abschmecken. Nudeln mit der Mangoldsauce und Parmesan servieren.

➤ Dazu passt: Baguette
➤ Getränk: Weißwein

asiatisch | vegetarisch

Mangold-Tofu-Gratin

FÜR 4 PERSONEN

➤ 200 g rote Zwiebeln
300 g Mangold
3 Zweige Koriandergrün
400 g Tofu
1 EL Sojasauce
600 g Kartoffeln
3 Eigelbe
Salz | Pfeffer
3 EL Rapsöl
80 g Parmesan, frisch gerieben

🕐 Zubereitung: 40 Min.
🕐 Backzeit: 35 Min.
➤ Pro Portion ca.: 415 kcal

1 | Zwiebeln schälen und in Streifen schneiden. Mangold waschen, Blätter von den Stielen schneiden und grob zerkleinern. Die Stiele in 1 cm breite Streifen schneiden.

2 | Koriandergrün waschen und klein schneiden. Tofu in Dreiecke schneiden. Mit Sojasauce vermischen. Kartoffeln schälen und fein raspeln. Mit Eigelben und Koriander vermischen. Salzen und pfeffern.

3 | In einer Pfanne das Öl erhitzen und darin die Zwiebeln mit den Mangoldstielen glasig braten. Die Mangoldblätter 2 Min. mitdünsten. Salzen und pfeffern.

4 | Backofen auf 175° vorheizen. Auf einem gefetteten Blech aus der Hälfte der Kartoffelmasse vier Rösti auslegen. Darauf die Tofuscheiben, den Mangold und die restliche Kartoffelmasse schichten. Mit Parmesan bestreuen und im Backofen (Mitte, Umluft 160°) etwa 35 Min. backen.

➤ Beilage: Sahnesauce und Baguette
➤ Getränk: Apfelschorle

für Festtage
Schwarz-wurzelsalat mit Orangen

FÜR 4 PERSONEN

> - 1 rote Zwiebel
  - 1 kg Schwarzwurzeln
  - 3 EL Weinessig
  - 3 EL Sonnenblumenöl
  - 2 Orangen
  - 2 Zweige Minze
  - 1 Bund Schnittlauch
  - 1 Prise Muskatblüte
  - Salz | Pfeffer

🕑 Zubereitung: 20 Min.
🕑 Marinierzeit: 1 Std.
> Pro Portion ca.: 120 kcal

1 | Zwiebel schälen und in Streifen schneiden. Schwarz-wurzeln waschen, schälen, in 2 cm breite Scheiben schnei-den und in mit 1 EL Essig ver-setztes Wasser legen.

2 | In einem Wok oder einer Pfanne 1 EL Öl erhitzen und die Schwarzwurzeln darin 3 Min. braten. Die Zwiebeln zugeben und glasig braten. Mit dem restlichen Essig ablöschen, abkühlen lassen.

3 | Orangen schälen, in Filets schneiden, Saft auffangen. Kräuter waschen, trocknen und getrennt klein schneiden.

4 | Orangen, Minze und das übrige Öl unter die Schwarz-wurzeln mischen. Den Salat mit Orangensaft, Muskat, Salz und Pfeffer abschmecken, 1 Stunde marinieren lassen. Mit Schnittlauch gar-niert servieren.

> Beilage: Baguette
> Getränk: Weißweinschorle

mediterran | schnell
Schwarzwurzeln mit Hähnchen und Feigen

FÜR 4 PERSONEN

> - 400 g Hähnchenbrustfilet
  - Saft von 1 Limette
  - Salz | Pfeffer
  - 2 Schalotten
  - 600 g Schwarzwurzeln
  - 1 EL Weinessig
  - 6 reife blaue Feigen
  - 2 EL Sonnenblumenöl
  - 2 TL Senf
  - 10 Salbeiblätter
  - 1/4 l Brühe | 200 g Sahne

🕑 Zubereitung: 30 Min.
> Pro Portion ca.: 370 kcal

1 | Hähnchenfleisch kalt ab-waschen und mit Küchen-papier trockentupfen. Fleisch in kurze fingerdicke Streifen schneiden, mit Limettensaft mischen, salzen und pfeffern.

2 | Schalotten fein würfeln. Schwarzwurzeln waschen, schälen und sofort in Essig-wasser legen; in 2 cm breite, schräge Scheiben schneiden. Feigen waschen, Haut abzie-hen, die Früchte sechsteln.

3 | In einer Pfanne das Öl erhitzen, darin das Hähn-chenfleisch etwa 5 Min. an-braten und warm stellen.

4 | Die Schwarzwurzeln in der Pfanne 3 Min. schwen-ken. Schalotten, Senf und Sal-bei zugeben und mitdünsten. Nach 3 Min. die Feigen und das Hähnchenfleisch unter-rühren. Mit Brühe und Sahne weitere 4 Min. köcheln lassen. Das Gericht mit Salz und Pfeffer abschmecken.

> Beilage: Reis oder Penne
> Getränk: Weißwein

vegetarisch | fettarm

Schwarzwurzel-gulasch

FÜR 4 PERSONEN

- 2 rote Zwiebeln
  200 g Kaiserschoten
  300 g Pilze (z. B. Stein-pilze, Champignons)
  600 g Schwarzwurzeln
  1 EL Weinessig
  1 EL Rapsöl
  150 ml Gemüsebrühe
  1 Prise Muskatnuss
  Salz | Pfeffer
  4 EL Schmand
- 4 Zweige Kerbel

Zubereitung: 30 Min.
- Pro Portion ca.: 140 kcal

1 | Zwiebeln schälen und in Streifen schneiden. Die Kaiserschoten waschen, putzen und schräg halbieren. Die Pilze putzen und in Scheiben schneiden. Schwarzwurzeln waschen, schälen und sofort in Essigwasser legen; in etwa 5 cm große Stücke schneiden.

2 | Das Rapsöl in einem Topf erhitzen und darin die Zwiebeln glasig braten. Schwarzwurzeln 5 Min. mitbraten.

3 | Kaiserschoten und Pilze zu den Schwarzwurzeln geben. Die Gemüsebrühe zugießen, aufkochen lassen und alles 2 Min. köcheln lassen. Mit Muskatnuss, Salz und Pfeffer abschmecken.

4 | Vor dem Servieren auf die angerichteten Teller je 1 EL Schmand geben, das Gericht mit Kerbel dekorieren.

- Beilage: Kartoffeln oder Nudeln
- Getränk: Weißwein oder Rotwein

herzhaft | schnell

Grünkohl mit Limette

FÜR 4 PERSONEN

- 800 g Grünkohl
  4 Schalotten
  100 g eiskalte Butter
  350 ml Gemüsebrühe
  1 Prise Muskatnuss
  Salz | Pfeffer
  1 EL Crème fraîche
  abgeriebene Schale von 1/4 unbehandelten Limette
  Saft von 2 Limetten
  2 EL Joghurt

Zubereitung: 35 Min.
- Pro Portion ca.: 305 kcal

1 | Salzwasser zum Kochen bringen. Grünkohl waschen, von den Blattstielen abstreifen und 1/2 Min. im Salzwasser kochen. Abtropfen lassen und klein schneiden. Schalotten schälen und würfeln.

2 | 1 EL Butter erhitzen und darin drei Viertel der Schalotten glasig dünsten. Den Grünkohl untermischen und mit 100 ml Brühe etwa 5 Min. köcheln lassen. Mit Muskatnuss, Salz und Pfeffer würzen.

3 | Für die Sauce die übrige Brühe mit restlichen Schalotten aufkochen und auf die Hälfte einkochen lassen. Übrige Butter flöckchenweise zugeben und die Sauce mit einem Pürierstab aufmixen.

4 | Crème fraîche, Limettenschale, den Limettensaft und den Joghurt unter die Sauce rühren und diese mit Salz und Pfeffer abschmecken. Mit dem Grünkohl servieren.

- Beilage: gedünsteter Fisch
- Getränk: Weißweinschorle

im Bild rechts: **Grünkohl mit Limette**   *im Bild links:* **Schwarzwurzelgulasch** ➤

vegetarisch | herzhaft

Pfannkuchen mit Grünkohl

FÜR 4 PERSONEN

➤ 200 g Mehl
300 ml Milch
2 Eier
Salz | Pfeffer
1 kg Grünkohl
1 rote Zwiebel
10 g Haferflocken
1 Prise Kümmel
1/4 l Gemüsebrühe
100 g Sahne
5 EL Sonnenblumenöl

🕐 Zubereitung: 50 Min.
➤ Pro Portion ca.: 545 kcal

1 | Mehl und Milch verrühren. Die Eier unterrühren, den Teig mit Salz und Pfeffer würzen, 10 Min. ruhen lassen.

2 | Den Grünkohl von den Blattstielen abstreifen und waschen. Blätter tropfnass in einen Topf geben, bei mittlerer Hitze zusammenfallen und dann abkühlen lassen. Anschließend den Grünkohl grob hacken. Die Zwiebel schälen und fein würfeln.

3 | 1 EL Öl erhitzen und die Zwiebeln darin glasig braten. Grünkohl und Haferflocken unterrühren. Mit Salz und Kümmel würzen. Mit Brühe und Sahne 15 Min. zugedeckt köcheln lassen. Mit Salz und Pfeffer abschmecken.

4 | In einer Pfanne 4 Pfannkuchen mit jeweils 1 EL Öl von beiden Seiten goldbraun backen. Mit Grünkohl füllen und zusammenklappen.

➤ Beilage: gedünsteter Fisch
➤ Getränk: Weißweinschorle

schnell

Grünkohl mit Kaninchen

FÜR 4 PERSONEN

➤ 1 kg Grünkohl
2 Schalotten
200 g Kartoffeln
4 Kaninchenrückenfilets
Salz | Pfeffer
3 EL Schmalz oder Rapsöl
1 Prise gemahlene Nelken
200 ml Gemüsebrühe
1 Prise Zimt
1 Prise Zucker
1 TL Senf

🕐 Zubereitung: 50 Min.
➤ Pro Portion ca.: 435 kcal

1 | Grünkohl von den Blattstielen abstreifen, waschen. Die Blätter tropfnass in einen Topf geben, bei mittlerer Hitze zusammenfallen lassen, abkühlen lassen, grob hacken.

2 | Schalotten schälen und in Würfel schneiden. Die Kartoffeln waschen, schälen und in 1 cm große Würfel schneiden. Die Kaninchenfilets salzen und pfeffern.

3 | Schmalz oder Öl erhitzen und das Kaninchenfleisch darin rundum anbraten, herausnehmen und die Schalotten glasig braten. Kartoffeln 1 Min. mitbraten. Grünkohl, Salz, Nelken und die Brühe zugeben und alles zugedeckt etwa 15 Min. köcheln lassen. Kaninchenfilets auf dem Kohl weitere 6 Min. garen.

4 | Das Fleisch aus dem Topf nehmen und warm halten. Den Kohl mit Zimt, Zucker, Salz, Pfeffer und dem Senf abschmecken und servieren.

➤ Getränk: Weißwein

Pastinaken, Petersilien-wurzeln, Sellerie

Gegart als Gemüse oder in Suppen, etwa in Form einer aromatischen Peter-silienwurzelsuppe, eines Pastinaken-Ananas-Salats oder eines Sellerie-Mango-Ragouts, beeindrucken diese feinen Wellnessgemüse nicht nur mit ihren Vital-stoffen, sondern auch mit einem feinen Geschmack.

Blitzrezepte

Pastinaken-Ananas-Salat

FÜR 4 PERSONEN

➤ 2 EL Weinessig | 1 TL Honig | 100 g Joghurt | 3 EL Olivenöl | Salz | Pfeffer 600 g Pastinaken | 1 Ananas | 1 rote Zwiebel | 1 Chilischote | 1 Bund Schnittlauch

1 | Aus Essig, Honig, Joghurt, Öl sowie etwas Salz und Pfeffer eine Sauce rühren.

2 | Pastinaken waschen, schälen, in Scheiben schneiden, in kochendem Salzwasser 1 1/2 Min. blanchieren. Ananas und Zwiebel schälen und in kleine Würfel schneiden. Chili waschen, putzen und in Streifen schneiden. Schnittlauch waschen, trockenschütteln und klein schneiden. Alle Zutaten mit der Sauce vermischen.

Schlesische Pastinakensauce

FÜR 4 PERSONEN

➤ 700 g Pastinaken | 1/2 Sellerieknolle 2 Möhren | 300 ml Gemüsebrühe 1 Stange Soßlebkuchen | 1 Prise Lebkuchengewürz | 1 TL Honig | 100 g Rosinen | 100 g Mandelstifte

1 | Gemüse waschen, schälen und in 1 cm große Würfel schneiden. In der Brühe in etwa 8 Min. bissfest garen. 1/2 Soßlebkuchen und das Lebkuchengewürz zugeben. Die Sauce soll sämig werden.

2 | Sauce nach Bedarf mit Soßlebkuchen nachdicken, mit Honig abschmecken. Rosinen waschen, mit den Mandeln zugeben.

➤ Beilage: gedünsteter Fisch (siehe Foto)

45

vegetarisch

Maultaschen mit Pastinaken

FÜR 4 PERSONEN

- ➤ 300 g Mehl
  - 4 Eier
  - 1 EL Rapsöl
  - Salz
  - 1 Prise Muskatnuss
  - 1 rote Zwiebel
  - 300 g Pastinaken
  - 100 g Petersilienwurzeln
  - 200 g Kartoffeln
  - Pfeffer
  - 1 Prise Kreuzkümmel

🕒 Zubereitung: 45 Min.
➤ Pro Portion ca.: 435 kcal

1 | Aus Mehl, Eiern, Rapsöl, etwas Salz und Muskat einen Teig herstellen und diesen 15 Min. ruhen lassen.

2 | Zwiebel schälen und in Streifen schneiden. Pastinaken, Petersilienwurzeln und Kartoffeln waschen, schälen und raspeln. Alles vermengen und mit Salz, Pfeffer und Kreuzkümmel würzen.

3 | Reichlich Salzwasser zum Kochen bringen. Den Teig auf einer bemehlten Arbeitsfläche ausrollen und in acht gleich große Stücke teilen.

4 | Vier Teigstücke mit Füllung belegen, mit dem übrigen Teig abdecken, am Rand mit einer Gabel andrücken.

5 | Die Maultaschen ins kochende Wasser geben. Nach dem Aufsteigen noch weitere 2 Min. ziehen lassen.

- ➤ Beilage: Sahne- oder Gemüsesauce
- ➤ Getränk: Weißwein oder Rosé

TIPP Wenn Vollkornmehl verwendet wird, zusätzlich 1 Eigelb für den Nudelteig nehmen.

gut vorzubereiten

Petersilienwurzelsuppe

FÜR 4 PERSONEN

- ➤ 200 g Petersilienwurzeln
  - 1 Zwiebel
  - 1/2 l Gemüsebrühe
  - 100 g Sahne
  - Salz | Pfeffer
- ➤ 2 Zweige Koriandergrün

🕒 Zubereitung: 25 Min.
➤ Pro Portion ca.: 125 kcal

1 | Die Petersilienwurzeln waschen, schälen und in Scheiben schneiden. Zwiebel schälen und in Streifen schneiden.

2 | Die Brühe mit den Zwiebeln aufkochen lassen. Die Petersilienwurzeln darin 10 Min. köcheln lassen, etwas abkühlen lassen.

3 | Die Sahne unterrühren, die Suppe nochmals erhitzen, aber nicht mehr kochen lassen, dann mit dem Pürierstab pürieren. Mit Salz und Pfeffer abschmecken.

4 | Das Koriandergrün waschen, trockenschütteln, klein schneiden und beim Anrichten als Würzgarnitur auf der Petersilienwurzelsuppe verteilen.

- ➤ Beilage: Baguette

TIPP Zur Dekoration dünne Petersilienwurzelscheiben in reichlich Fett als Chips ausbacken.

im Bild oben: **Petersilienwurzelsuppe**   *im Bild unten:* **Maultaschen mit Pastinaken**

gut vorzubereiten

Wraps mit Petersilienwurzel

FÜR 4 PERSONEN

➤ 4 etwa gleich große Petersilienwurzeln
  2 EL Olivenöl
  3 EL Aceto balsamico
  Salz | Pfeffer
  200 g Kürbis
  1 TL frisch geriebener Ingwer
  2 EL Mayonnaise
  1/2 TL Currypulver
  4 Tortillafladen
  150 g Frischkäsecreme
  1/2 Eisbergsalat

🕐 Zubereitung: 40 Min.
➤ Pro Portion ca.: 330 kcal

1 | Die Petersilienwurzeln waschen, schälen, längs vierteln und in 1 EL Öl goldbraun anbraten. Mit 1 EL Aceto balsamico ablöschen und mit Salz und Pfeffer würzen.

2 | Kürbis schälen, putzen und klein würfeln. Mit Ingwer, Mayonnaise, Curry, Salz und Pfeffer mischen.

3 | Die Tortillas in einer Pfanne erwärmen, mit Frischkäsecreme bestreichen.

4 | Salat zerteilen, Blätter waschen, trocknen, in 1 1/2 cm breite Streifen schneiden. Mit übrigem Essig und Öl, Salz und Pfeffer würzen und auf den Tortillas verteilen. Kürbisremoulade und Petersilienwurzeln obenauf geben.

5 | Tortillaränder an zwei gegenüberliegenden Seiten nach innen klappen, die Tortillas mit leichtem Druck aufrollen; schräg halbieren.

➤ Getränk: Weißweinschorle

vegetarisch | schnell

Sellerie-Kürbis-Gemüse

FÜR 4 PERSONEN

➤ 400 g Knollensellerie
  300 g Kürbis
  2 rote Zwiebeln
  200 g Kaiserschoten
  200 ml Gemüsebrühe
  Salz | Pfeffer
➤ 1 Bund Schnittlauch
  100 g Schmand

🕐 Zubereitung: 40 Min.
➤ Pro Portion ca.: 145 kcal

1 | Sellerie waschen, schälen und in 1 1/2 cm große Würfel schneiden. Kürbis schälen, putzen und in 2 cm große Würfel schneiden.

2 | Die Zwiebeln schälen und in Streifen schneiden. Kaiserschoten waschen, putzen und schräg halbieren.

3 | Die Brühe in einem Topf aufkochen lassen. Zwiebeln und Sellerie 2 Min. darin köcheln lassen, dann den Kürbis untermischen und nach 1 Min. die Kaiserschoten dazugeben. Alles noch 3 Min. garen und mit Salz und Pfeffer abschmecken.

4 | Schnittlauch waschen, trockenschütteln und klein schneiden. Das Gemüse mit Schnittlauch und Schmand garniert servieren.

➤ Beilage: Spätzle
➤ Getränk: Apfelsaftschorle

mediterran
Sellerie mit Kichererbsen

FÜR 4 PERSONEN

➤ 800 g Staudensellerie
   1 Zwiebel
   4 Strauchtomaten
   4 Knoblauchzehen
   400 g Kichererbsen (Dose)
   4 EL Olivenöl
   600 g Lammschulter, geschnetzelt
   Salz | Pfeffer
   1/2 TL Kräuter der Provence
   300 ml Gemüsebrühe
   200 g Blattspinat (tiefgekühlt)

🕐 Zubereitung: 45 Min.
➤ Pro Portion ca.: 490 kcal

1 | Sellerie waschen, putzen und in 1 1/2 cm große Rauten schneiden. Zwiebel schälen und würfeln. Tomaten waschen und ohne Stielansatz würfeln. Knoblauch schälen und klein schneiden. Kichererbsen abtropfen lassen.

2 | Das Lammfleisch in 2 EL Öl 5 Min. anbraten, salzen, pfeffern und bis zur weiteren Verwendung warm stellen.

3 | Zwiebeln im restlichen Öl glasig braten. Den Sellerie 2 Min mitbraten, dann die Tomaten und die Kräuter der Provence 2 Min. mitdünsten.

4 | Brühe, Spinat, Knoblauch und Kichererbsen zugeben, alles aufkochen und 8 Min. köcheln lassen. Salzen, pfeffern, vom Herd ziehen und das Fleisch untermischen.

➤ Beilage: Kartoffeln oder Hirse
➤ Getränk: Rotwein oder Rosé

exotisch | für Gäste
Sellerie-Mango-Ragout

FÜR 4 PERSONEN

➤ 250 g Knollensellerie
   1 Mango | 1 rote Zwiebel
   600 g Süßkartoffeln
   1 grüne Paprikaschote
   1 TL Sesamöl
   200 ml Gemüsebrühe
   100 g Sahne
   Salz | Pfeffer
   abgeriebene Schale von 1/4 unbehandelten Limette
   Saft von 1 Limette

🕐 Zubereitung: 30 Min.
➤ Pro Portion ca.: 275 kcal

1 | Sellerie waschen, schälen und in 1 1/2 cm große Würfel schneiden. Die Mango schälen, das Fruchtfleisch vom Stein lösen und in 3 cm große Würfel schneiden.

2 | Zwiebel schälen und in Streifen schneiden. Süßkartoffeln waschen, schälen und in 2 cm große Würfel schneiden. Paprika waschen, putzen und klein würfeln.

3 | Zwiebeln im Öl glasig braten. Sellerie und Kartoffeln 2 Min. mitbraten. Mango und Paprika unterrühren, ebenfalls 2 Min. mitbraten. Brühe und Sahne zugeben und alles 2 Min. köcheln lassen. Mit Salz, Pfeffer, Limettenschale und -saft abschmecken.

➤ Beilage: Reis
➤ Getränk: Weißwein

TIPP Das Ragout mit Sesamsamen bestreuen. Dazu den Sesam in einer trockenen Pfanne kurz unter Wenden rösten.

Rote Beten, Steckrüben, Topinambur

Superlecker und supergesund sind diese prächtig-köstlichen Knollen weit mehr als nur ein kleines Beilagengemüse. Mit allen dreien lassen sich auch vorzügliche vegetarische Hauptgerichte zubereiten.

Blitzrezepte

Wintersuppe

FÜR 4 PERSONEN

➤ 1 kg Steckrüben │ 600 g gemischtes
Wurzelgemüse (Möhren, Petersilienwurzeln, Pastinaken) │ 2 Stangen
Lauch │ 50 g Butter │ 1 1/2 TL Currypulver │ 1 Prise Kümmel │ 1 l Gemüsebrühe │ 1 EL Majoran │ Salz │ Pfeffer
1 EL gehackte Petersilie

1 │ Steckrüben und Wurzelgemüse waschen, putzen, schälen und würfeln. Lauch
putzen, in Ringe schneiden und waschen.

2 │ Den Lauch in Butter glasig braten.
Steckrüben, Möhren, Curry und Kümmel
zugeben. Die Brühe angießen und alles
10 Min. köcheln lassen. Übriges Gemüse
und Majoran 10 Min. mitgaren. Salzen
und pfeffern; mit Petersilie bestreuen.

Steckrübenragout

FÜR 4 PERSONEN

➤ 300 g Steckrüben │ 2 Paprikaschoten
200 g Weißkohl │ 1 Zwiebel │ 2 Knoblauchzehen │ 1 Stück Ingwer (5 cm
lang) │ 1 TL Maiskeimöl │ Salz │ Pfeffer
100 ml Sojasauce │ 200 g Sahne

1 │ Gemüse waschen. Steckrüben schälen,
Paprika putzen und beides in 1 cm große
Würfel schneiden. Weißkohl ohne Strunk
in Streifen schneiden. Zwiebel, Knoblauch
und Ingwer schälen und klein schneiden.

2 │ Steckrüben, Paprika, Kohl, Zwiebeln
4 Min. im Öl glasig braten. Mit Ingwer,
Knoblauch, Salz, Pfeffer, Sojasauce würzen. Sahne einrühren, nochmals erhitzen.

➤ Beilage: Reis

schnell | herzhaft
Steckrübensalat mit Apfel

FÜR 4 PERSONEN
- ➤ 500 g Steckrüben | Salz
  4 EL Weinessig
  2 EL Nussöl
  4 EL Gemüsebrühe
  1/2 TL Honig | Pfeffer
  2 kleine Äpfel
  (z. B. Cox Orange)
  1 Bund Rucola
  2 Schalotten
- ➤ 1 Bund Schnittlauch

🕓 Zubereitung: 25 Min.
🕓 Marinierzeit: 30 Min.
➤ Pro Portion ca.: 125 kcal

1 | Die Steckrüben waschen, schälen, in 5 mm dicke Scheiben und diese dann in 1 cm große Rauten schneiden. In kochendem Salzwasser etwa 3 Min. blanchieren.

2 | Essig, Öl, Brühe, Honig, Salz und Pfeffer verrühren. Die Steckrüben aus dem Wasser heben, unter die Sauce mischen; erkalten lassen.

3 | Äpfel waschen, entkernen, in kleine Würfel schneiden.

Rucola waschen, trocknen, putzen und klein schneiden. Schalotten schälen, klein würfeln. Alles unter die Steckrüben mischen, mit Salz und Pfeffer abschmecken.

4 | Den Salat 30 Min. ziehen lassen. Den Schnittlauch waschen, trocknen und in Röllchen schneiden. Den Salat damit garnieren.

- ➤ Beilage: geräucherte Gänsebrust in Scheiben
- ➤ Getränk: Rotwein

vegetarisch | herzhaft
Steckrüben-Grünkern-Gratin

FÜR 4 PERSONEN
- ➤ 400 ml Gemüsebrühe
  150 g Grünkernschrot (Reformhaus)
  1 EL Currypulver
  2 Eier
  400 g Steckrüben
  300 g Möhren
  1 Bund Frühlingszwiebeln
  1 Prise Muskatnuss
  Salz | Pfeffer
  Öl für die Form
  120 g Parmesan, frisch gerieben

🕓 Zubereitung: 35 Min.
🕓 Backzeit: 30 Min.
➤ Pro Portion ca.: 380 kcal

1 | Die Brühe aufkochen lassen. Den Grünkernschrot einrühren und 5 Min. köcheln lassen. Topf vom Herd ziehen, den Schrot 20 Min. quellen lassen, dann Curry und Eier untermischen.

2 | Inzwischen den Backofen auf 175° vorheizen. Das Gemüse waschen. Steckrüben und Möhren schälen und grob raspeln. Frühlingszwiebeln putzen und samt Grün in feine Ringe schneiden. Alles mit Muskatnuss, Salz und Pfeffer mischen.

3 | Eine feuerfeste Form einfetten. Abwechselnd eine Schicht Grünkernmasse und Gemüse in die Form geben. Mit einer Schicht Grünkern abschließen und mit Parmesan bestreuen.

4 | Das Gericht im heißen Ofen (Mitte, Umluft 160°) etwa 30 Min. überbacken.

- ➤ Beilage: Tomatensauce
- ➤ Getränk: Rotwein

im Bild oben: Steckrüben-Grünkern-Gratin   *im Bild unten:* Steckrübensalat mit Apfel ➤

gelingt leicht

Topinambur-creme

FÜR 4 PERSONEN

➤ 250 g Topinambur
100 g Lauch
3 Knoblauchzehen
150 ml Gemüsebrühe
100 g Mandeln
2 EL Crème fraîche
Salz | Pfeffer
Olivenöl nach Bedarf

🕐 Zubereitung: 35 Min.
➤ Pro Portion ca.: 250 kcal

1 | Den Topinambur waschen und schälen. Den Lauch längs halbieren und waschen. Den Knoblauch schälen und alles klein schneiden.

2 | Topinambur, Lauch und Knoblauch zusammen mit der Gemüsebrühe in einen Topf geben, aufkochen lassen und das Gemüse in etwa 15 Min. weich kochen.

3 | Anschließend das Gemüse im Mixer zusammen mit den Mandeln und der Crème fraîche zu einer cremigen Masse verarbeiten.

4 | Die Creme mit Salz und Pfeffer abschmecken. Falls sie zu fest ist, noch etwas Olivenöl zugeben.

➤ Beilage: Antipasti und Crostini
➤ Getränk: Weißwein

macht was her

Topinambur-Carpaccio

FÜR 4 PERSONEN

➤ 100 g Mayonnaise
100 g Joghurt
1 TL Currypulver
1 EL Honig
Salz | Pfeffer
100 g Rucola
400 g Topinambur

🕐 Zubereitung: 30 Min.
➤ Pro Portion ca.: 310 kcal

1 | Für die Sauce die Mayonnaise mit Joghurt, Curry, Honig sowie etwas Salz und Pfeffer mischen.

2 | Die Rucola waschen und trocknen. Flache Servierteller mit den Blättern belegen, diese leicht salzen und pfeffern.

3 | Topinambur waschen, schälen, dann in hauchdünne Scheiben schneiden und auf die Rucola legen.

4 | Topinamburscheiben mit der Curry-Marinade bepinseln und das Carpaccio vor dem Servieren noch etwas durchziehen lassen.

➤ Beilage: Lammkotelett
➤ Getränk: Rotwein

TIPP Topinambur kann man gut mit Kartoffeln kombinieren – etwa für einen Salat. Einfach ein Kartoffelrezept abwandeln, indem man Topinambur und Kartoffeln zu gleichen Teilen verwendet. Dafür den Topinambur separat in Salzwasser 10–15 Min. garen; dann wie Kartoffeln pellen und in Scheiben schneiden. Auch für Suppen und Gratins lassen sich Topinambur und Kartoffeln sehr gut mischen.

vegetarisch

Rote-Beten-Tabbouleh

FÜR 4 PERSONEN

➤ 1/4 l Gemüsebrühe
   150 g Bulgur
   150 g Staudensellerie
   150 g Fenchel
   1 Apfel (150 g)
   250 g Rote Beten
   2 Schalotten
   Salz | Pfeffer
   2 Bund gemischte Kräuter
   2 EL Nussöl
   Saft von 1 Limette

🕒 Zubereitung: 35 Min.
➤ Pro Portion ca.: 240 kcal

1 | Brühe erhitzen und den Bulgur darin 2 Min. köcheln lassen. Vom Herd ziehen und 25 Min. quellen lassen.

2 | Gemüse, Obst und Kräuter waschen. Schalotten schälen und klein schneiden. Die Selleriestangen längs halbieren und in dünne Scheiben schneiden. Den Fenchel vom Strunk befreien. Apfel halbieren und entkernen. Beides klein würfeln. Alles mischen.

3 | Die Roten Beten schälen, würfeln, separat lassen, salzen und pfeffern.

4 | Kräuter trockenschütteln, fein schneiden und mit Öl und Saft unter das Gemüse mischen. Den Bulgur unterheben, salzen und pfeffern. Damit sie nicht zu sehr färben, die Roten Beten erst vor dem Servieren unterheben.

➤ Beilage: gemischter Vorspeisenteller und Gegrilltes
➤ Getränk: Weißweinschorle

gut vorzubereiten

Rote-Beten-Gratin

FÜR 4 PERSONEN

➤ 4 Rote Beten (600 g)
   4 Räucherforellenfilets
   1 Bund Dill
   2 Eigelbe
   200 g Sahne
   Salz | Pfeffer
   1 Prise Muskatnuss
   500 g Kartoffeln
   1 EL geriebener Meerrettich
   100 g frisch geriebener Edamer
   Fett für die Form

🕒 Zubereitung: 50 Min.
🕒 Backzeit: 40 Min.
➤ Pro Portion ca.: 470 kcal

1 | Backofen auf 175° vorheizen. Rote Beten waschen, putzen und in Pergamentpapier oder Alufolie im Backofen (Mitte, Umluft 160°) etwa 45 Min. backen; schälen und in Scheiben schneiden (den Ofen angeschaltet lassen).

2 | Den Fisch in 2 cm große Stücke schneiden. Den Dill waschen, trockenschütteln, klein schneiden und mit Eigelb, Sahne, Salz, Pfeffer und Muskat mischen. Die Kartoffeln waschen, schälen und in Scheiben schneiden.

3 | Eine gefettete feuerfeste Form schichtweise mit je der Hälfte Kartoffeln und Roten Beten füllen. Darauf die Forellen geben, mit Meerrettich bestreichen. Mit Roten Beten und Kartoffeln abschließen. Die Eier-Sahne-Mischung darüber gießen, mit Käse bestreuen. Im heißen Ofen (Mitte) 30–40 Min. backen.

➤ Beilage: gemischter Salat
➤ Getränk: Weißwein

Die Autoren

Elisabeth Döpp arbeitete lange Zeit als Lektorin und ist seit 1985 Kochbuchautorin sowie UGB-Gesundheits-Trainerin mit dem Schwerpunkt vegetarische und vollwertige Küche.

Christian Willrich stammt aus dem Elsass und ist seit 1980 Küchenchef in Gourmet-Restaurants. Er präsentiert seither seine feine Naturküche mit großem Erfolg.

Jörn Rebbe wurde in einem japanischen Hotel zum Koch ausgebildet. Als Küchenchef ist er Spezialist für japanische und chinesische Küche.

Der Fotograf

Kai Mewes ist selbstständiger Food-Fotograf in München und arbeitet für Verlage und Werbung. Die stimmungsvollen Bilder sind Ausdruck seiner Hingabe, Fotografie und kulinarischen Genuss zu vereinen. Das Food-Design in diesem Buch trägt die Handschrift von **Daniel Petri**.

Bildnachweis

alle Bilder: Kai Mewes, München
außer S. 4/5: Teubner, bis auf S. 5 unten Mitte: Foodphotografie Eising

Redaktionsleitung: Birgit Rademacker
Redaktion: Stefanie Poziombka
Lektorat: Claudia Schmidt
Versuchsküche: Karl Broich, Catering-Company, Düsseldorf
Satz und Herstellung: Verlagssatz Lingner
Layout, Typografie und Umschlaggestaltung: Independent Medien Design, München
Herstellung: Helmut Giersberg
Reproduktion: Repro Schmidt, Dornbirn
Druck und Bindung: Druckhaus Kaufmann, Lahr

ISBN 3-7742-5457-5

Auflage	5.	4.	3.	2.	1.
Jahr	2006	05	04	03	02

Ein Unternehmen der
GANSKE VERLAGSGRUPPE

Das Original mit Garantie

GU KÜCHENRATGEBER

Neue Rezepte für den großen Kochspaß

ISBN 3-7742-4894-X

ISBN 3-7742-4895-8

ISBN 3-7742-4899-0

ISBN 3-7742-5452-4

ISBN 3-7742-4887-7

ISBN 3-7742-4886-9

64 Seiten, 6,90 € [D]

Das macht die GU Küchenratgeber zu etwas Besonderem:

> *Rezepte mit maximal 10 Hauptzutaten*
> *Blitzrezepte in jedem Kapitel*
> *alle Rezepte getestet*
> *Geling-Garantie durch die 10 GU-Erfolgstipps*

Änderungen und Irrtum vorbehalten.

Gutgemacht. Gutgelaunt.

FRISCHE EINKAUFEN

➤ Wurzel- und Knollengemüse soll unversehrt, prall und fest sein.

➤ Kürbis darf keine Durckstellen oder braune Flecken auf der Schale haben; außerdem vor dem Kauf an die Schale klopfen: Der Kürbis soll hohl klingen.

Geling-Garantie für aromatisches Gemüse

SCHONEND GAREN

➤ Gemüsegerichte sind nährstoffreiche Wellnessgerichte, wenn das Gemüse zu Beginn kurz und kräftig angebraten und dann zugedeckt bei sanfter Hitze weitergeköchelt wird. Was beim Kochen an Duft aus dem Topf entweicht, fehlt beim Servieren an Aroma.

ABSCHMECKEN WIE EIN PROFI

➤ Die Gerichte am Anfang zurückhaltend würzen – vor allem mit Salz –, denn Gemüse entfaltet beim Kochen viel Eigengeschmack. Erst zum Schluss noch einmal nachwürzen.

DER TRICK MIT DEN KRÄUTERN

➤ Kräuter in der Regel erst zum Schluss zugeben und nicht mehr mitkochen. Lediglich Basilikum, Kerbel, Estragon und Petersilie können kurz mitgaren.